AF224280

3917

DISCOURS

PRONONCÉS SUR LA TOMBE

DE

AIMÉ-PHILIPPE ROMAN

le 14 Octobre 1867.

DISCOURS

PRONONCÉS SUR LA TOMBE

DE

AIMÉ-PHILIPPE ROMAN

le 14 Octobre 1867.

1868

DISCOURS DE M. CLÉMENCET,
SOUS-PRÉFET DE BELFORT.

L'Administration, dont je suis ici le représentant, ne peut rester muette devant cette tombe qui va bientôt se fermer.

Le premier magistrat du département, sans son éloignement actuel du chef-lieu, se serait empressé de venir lui-même rendre les derniers devoirs à l'un des plus éminents citoyens de l'Alsace. Sans espérer pouvoir suppléer à cette absence, je dois rappeler en quelques mots les services qu'a rendus, comme homme public, l'illustre défunt.

Fondateur de cette cité, avec son ami et digne collaborateur, M. Gros, dont vous avez déjà conduit le deuil, à la même heure et le même jour, il y a quatre ans, M. Roman administrait la commune de Husseren-Wesserling depuis 1807 ; il était, je crois, le doyen des maires de l'Empire français. Elu membre du conseil général du Haut-Rhin depuis la création, il présida longtemps cette assemblée, où tout le monde sait qu'il apporta les lumières d'une grande expérience et l'autorité d'un grand caractère.

L'Empereur l'avait nommé officier de la Légion-d'Honneur ; une distinction plus élevée, exceptionnelle même pour les services civils, devait couronner cette belle existence ; j'aurai, pour ma part, l'éternel regret de n'avoir pas pu la proposer à temps. Mais M. Roman est aujourd'hui au-dessus de toutes ces récompenses périssables ; il a reçu la récompense des élus ; car *il a passé en faisant le bien*, comme dit la Sainte-Écriture.

Tant que cet essaim d'honnêtes travailleurs qui, tout émus, nous environnent, durera, tant que ces montagnes dureront, le souvenir du *Patriarche* de la vallée durera aussi. Fasse le ciel que ce grand souvenir trompe la douleur d'une famille éplorée ; fasse le ciel qu'il tempère l'amertume des regrets de toute une contrée en deuil.

Noble existence si bien remplie, tu nous fais vraiment trop sentir notre propre néant !.........

Adieu, patriarche vénéré, nous ne vous reverrons plus que là-haut ; Adieu ! Adieu !...

DISCOURS DE M. MÉNY,

ADJOINT.

Messieurs,

C'est avec une émotion profonde que je prends la parole devant cette tombe, en présence d'une famille éplorée et d'une population remplie de tristesse.

Mais avant tout autre, sans doute, m'incombait la pénible mission de dire un dernier adieu à Aimé-Philippe Roman, en ma double qualité d'adjoint de la commune de Husseren, qu'il avait si généreusement adoptée, et d'ancien serviteur de la maison de Wesserling, comme aussi au nom de cette classe ouvrière à laquelle il a prodigué le plus pur de son dévouement.

Interprète habituel d'une partie des nombreuses occupations de ce noble vieillard, je ne puis ici que rappeler sa bienfaisance, son esprit supérieur sans cesse préoccupé du bien des autres, et qui se manifestait par tant de travaux utiles, son dévouement aux affaires publiques et surtout à cette maison de Wesserling, dont la renommée a grandi grâce aux efforts de son infatigable activité.

C'est une grande et longue existence d'honneur, de travail, de bonté et de devoir accompli qui vient de s'éteindre, mais le souvenir d'Aimé-Philippe Roman ne s'effacera pas du cœur de ses anciens collègues et de ses collaborateurs, qu'il traitait comme ses amis. Ils le conserveront avec une pieuse reconnaissance et comme un noble modèle à suivre.

Adieu ! nature d'élite ;
Adieu ! homme de bien par excellence,
Adieu !

DISCOURS DE M. BIAN,

MANUFACTURIER A SENTHEIM.

Messieurs,

Mon intention n'est pas de rappeler encore la vie de Monsieur Roman. Des voix plus autorisées que la mienne vous ont tracé cette longue et noble carrière.

Je ne veux qu'obéir aux sentiments qui m'animent et qui se renouvellent en moi chaque fois que je vois disparaître un de ces vétérans de l'Industrie alsacienne. Ces sentiments sont ceux de la peine et de la reconnaissance.

L'homme auquel nous disons ici un dernier adieu, est un de ces fondateurs de notre industrie : il était de ceux qui ont su la créer à travers de nombreuses difficultés, qu'ils ont surmontées à force de travail et d'énergie. La tâche était d'autant plus difficile qu'ils étaient essentiellement des hommes pratiques, qu'ils n'avaient pas, comme les générations actuelles, des écoles spéciales qui rendent les problèmes faciles.

C'est par un travail persévérant et intelligent qu'ils ont dû découvrir les théories.

C'est grâce à eux, Messieurs, que l'Alsace peut se glorifier aujourd'hui de posséder cette belle industrie.

Nous savons tous avec quelle libéralité ces anciennes maisons, notamment celle de Wesserling, accordaient à chacun le bénéfice de leur expérience.

C'est à ces exemples, qu'elle a pu imiter, que cette autre génération, à laquelle nous appartenons, doit ainsi sa position.

Je crois être l'interprète de l'Alsace entière et particulièrement celui des industriels, en témoignant, au nom de tous à la mémoire de Monsieur Roman, un sentiment de profonde vénération et d'éternelle reconnaissance.

Mulhouse. — Imprimerie de L. L. BADER.